実践！
キャンプ
BOOK

安心＆快適にアウトドアを極める

監修
アウトドアライフアドバイザー
マイクス

はじめに

　キャンプをはじめよう。

　そう思い立っても数々の道具を前に何を選べば良いのか迷って
しまう。そのような経験は最初は誰にでもあることです。キャン
プの醍醐味は自然の中に身を置き、自由な時間を過ごすことはも
ちろんですが、もうひとつ、その空間を作り上げるための「道具選
び」にもあります。数々の道具の中から自分のスタイルに合わせ
た道具選びをする、この楽しみこそ実に中毒性があり、キャンプ
に "ハマる" 大きな要因とも言えます。道具選びを楽しむためには、

道具の種類・扱い方などを知ることが重要です。もちろん失敗は
つきものですが、経験を積むことで自分と道具との距離感が縮ま
ると、自然とワクワクしてくるものです。

　キャンプビギナーには基礎から学べる本として、キャンプ経験
者にはステップアップのヒントとして。この本は、それぞれのキ
ャンプスタイルを見つけるためのお手伝いになればという1冊で
す。正しい道具の扱い方を覚えれば、その組み合わせは千差万別。
さぁ、楽しいアウトドアライフを過ごしましょう!!

文＝マイクス

CONTENTS

PART 1 　🌲　キャンプの基礎知識

PART 2 　⛰　テントサイトで快適に過ごす

PART 3　テントサイトを照らす

PART 4　食事を楽しむ

PART 5　火の扱いをマスターする

CONTENTS

A ANSWER マネージャーは 指導者レベルの知識を養う

プレーヤーをサポートする
マネージャーもチームの一員。

CHECK POINT!

1 監督がチーム責任者
2 チームのサポートが
  マネージャーの仕事
3 マネージャーが
  戦術面の仕事もこなす

指導者がチームを導きマネージャーが支える

　チームを導くのは監督を中心としたコーチなどの指導者。監督は全体の責任者であり、レギュラーメンバーの選定、戦術・練習の方向性など重要な決定を担う。フィジカルトレーナーなど専門の指導者を置くチームもある。

　加えて、欠かせないスタッフとしてマネージャーがいる。マネージャーは生徒が担うのが基本で、テーピングなどのケア、備品の管理・補充といったサポート業務でチームに貢献する。さらに京北高校では、練習・試合内容の記録など戦術にまつわる仕事まで多くをこなすので、指導者レベルの知識を養う必要がある。それだけに、**自主的に役割に就く人材であることが重要**。

A ANSWER 自分の体を負荷にして筋肉を鍛える

体作りに効果的なフィジカルトレーニング

体力は技術をコートで発揮するために欠かせない要素。フィジカルトレーニングで筋力を鍛えよう。ここでは、体作りの基礎的なトレーニングを紹介する。自分の体重を負荷にして筋肉に働きかけるので、ケガのリスクが低いことが特徴。強い負荷をかけるマシントレーニングなども有効だが、負担が大きいので取り組む際には専門のトレーナーから指導を受けよう。

POINT ① 腕立て伏せで上半身を強化　　回数の目安：10～30回×3～5セット

両手と両足のツマ先をつけ、体を一直線に伸ばす。このとき、両手は肩幅より広く開く。その姿勢から両ヒジを横に曲げ、体を沈み込ませる。この腕立て伏せの動作を行うことで、胸と腕を中心に上半身の筋力を鍛えられる。

POINT ② 上半身を起こして腹筋を鍛える　　回数の目安：10～30回×2～3セット

仰向けになり、両足と肩を浮かせる。両腕は体の前でクロスさせる。上半身とヒザを持ち上げ、腰の上でつける。アゴを引いて行うことがポイント。このトレーニングに取り組むことで、腹筋を鍛えられる。

POINT ③ 片足で体を支え モモの表を鍛える

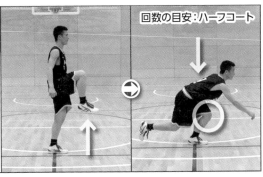

回数の目安：ハーフコート

直立し、一方のヒザを腰の位置まで持ち上げる。その足をゆっくり後方に引き、その動作と連動して立っている足のヒザを曲げて体を沈ませる。これにより、モモの表の筋肉をトレーニングできる。逆足も同様に行い、一歩ずつ進む。

POINT ④ 体を横に伸ばし 体幹を鍛える

回数の目安：ハーフコート

直立の姿勢から、上半身を前に倒し一方の足を後方に上げる。体が床と平行になるように一直線にし、両腕も伸ばす。片足で体のバランスをとる。姿勢をキープすることで、体幹の筋肉を鍛えられる。逆足も同様に行い、一歩ずつ進む。

POINT ⑤ 腰を左右に動かし モモの裏を鍛える

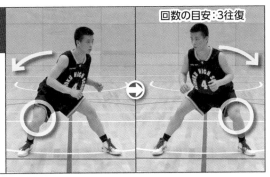

回数の目安：3往復

両足を肩幅より大きく開き、ヒザを曲げて中腰の姿勢をとる。足を動かさずに腰を左右にゆっくり振る。ヒザの伸縮を使って上半身を上下させずに行うことがポイント。このトレーニングによって、モモの裏を鍛えられる。

POINT ⑥ 前後にジャンプし 跳躍力を鍛える

回数の目安：前後×10回

両足を揃え、ツマ先立ちする。下半身のバネを使って前後にジャンプ。小さくリズミカルに行い、上半身の姿勢はキープする。取り組むことで、ふくらはぎなどが鍛えられ跳躍力が向上する。左右のジャンプにも取り組むと、さらに効果的。

119

A ANSWER 二人一組で ストレッチをする

CHECK POINT！

1 ウォームアップで運動の準備
2 クールダウンで疲労を抑える
3 それぞれ5秒ほどキープ

運動の前後にウォームアップとクールダウン

練習や試合で運動をする前には、ストレッチで準備運動を行う。筋肉を伸ばすことで、体を動かしやすい状態にコンディショニングできる。ウォームアップを怠っていきなり激しい運動をすると、ケガのリスクが高まるので注意しよう。運動後のクールダウンも大切な要素だ。最後にストレッチをすること

で疲労を抑えられ、翌日以降の準備になる。

ストレッチは二人一組で行うことがポイントで、ちゃんと伸ばせているか互いにチェックできる。効果を感じるところまで体を伸ばし、その姿勢を5秒ほどキープする。深く呼吸しながら、ゆっくりとカウントすると良い。

POINT ① 脚部の裏側をストレッチする

パートナーと正対し、片足を床と平行に持ち上げる。ヒザを伸ばし、ツマ先を上向きにする。その足のカカトとツマ先を、パートナーが両手でつかむ。この姿勢をキープすることで、脚部の裏側をストレッチできる。逆側も同様に行い、左右均等に伸ばす。

POINT ② 背中や臀部など体の裏側を伸ばす

二人でそれぞれツマ先を正面に向け、ヒザを伸ばした姿勢で正対。上半身を倒し、互いの手をそれぞれの肩に乗せる。力をかけて体を沈み込ませ、体をひねって一方の肩を上げる。逆側も同様に行う。これにより、背中、臀部、太モモの裏などが伸びる。

POINT ③ ワキ腹を伸ばし体側をストレッチ

二人で横並びになり、それぞれの方向に体を倒して両手を組む。その姿勢から重心を外側に傾け、互いに引っ張り合う。力を入れすぎず、効果を感じるところでキープ。逆側も同様に行う。この動作によってワキ腹が伸び、体側の筋肉をストレッチできる。

腕を後方に伸ばし腕・胸をストレッチ

二人で互いに背中を向けて直立。それぞれ一方の手を、相手の肩に当てる。体を逆側にややひねり、腕を後方に伸ばす。逆側も同様に行って左右ともストレッチ。これにより、胸を中心に腕などの筋肉を伸ばせる。肩を痛めない範囲で行うことが大切。

体を仰向けに伸ばし腹周りをストレッチ

二人で互いに背中をつけて直立する。両腕をそれぞれ組み、体を密着させる。その姿勢から一方がヒザを曲げて体を前傾させ、もう一人を腰に乗せて持ち上げる。二人で交互に伸ばし合う。このストレッチにより、腹周りの筋肉を伸ばすことができる。

片足を持ち上げモモの表をストレッチ

二人で横並びになり、それぞれ体の正面を逆方向に向ける。近い側の手を相手の肩に乗せ、逆側の足のヒザを曲げてカカトを臀部につける。逆側も同様に行う。これにより、モモの表の筋肉を伸ばせる。バランスをとれれば、一人でも行うことができる。

POINT ⑦ 前屈してツマ先を持ち一人で足のストレッチ

一人で行うことができるストレッチ。直立の姿勢をとり、一方の足をやや前に踏み込んでツマ先を上げる。このとき、ヒザを曲げないことがポイント。上半身を倒し、そのツマ先を同じ側の手でつかむ。逆側も同様に行う。脚部の裏側を伸ばせる。

POINT ⑧ 体を沈ませて股関節のストレッチ

一人で行うことができるストレッチ。両足を大きく開いて直立し、ヒザを90度を目安に曲げて体を沈み込ませる。上半身を前傾させて、両ヒジをそれぞれのモモの内側に当てる。この姿勢をキープすることによって、股関節をストレッチできる。

+α で差がつく!

簡単な動作から
徐々に運動量を増やす

準備運動で体を温める際には、段階的に運動の量を増やしていくことがポイントだ。簡単なストレッチからスタートさせ、動きのある体操に移行する。ある程度、準備をすることができたら、ジョギングやダッシュといった運動を行う。20〜30分ほどかけて入念に行えることがベスト。100%のパフォーマンスを発揮できるコンディションへと体を調整できる。

索　　引

　この索引では、本書に掲載されている疑問と解決のなかから、テクニックや練習法、戦術、部の運営方法などをピンポイントで見つけることができます。五十音順に並べておりますので、新しくマスターしたいテクニック、知識を身につけたい項目をピックアップして上達に役立ててください。

田渡 優

1955 年生まれ、東京都出身。

元東洋大学京北高等学校男子バスケット
ボール部監督。

1973 年に京北高校男子バスケットボール
部のキャプテンとして、創部以来初のイン
ターハイ優勝を経験。中京大学を経て、
1992 年より京北高校バスケットボールチー
ムを監督として指揮する。2013 年にイン
ターハイを制し全国優勝に輝くなど、伝統
の「ラン＆ガン」戦術でチームを全国屈指
の強豪へと育て上げる。また、日本ジュニア
（高校生日本代表）、青山学院大学、東洋
大学でも強化指導・監督を務めた実績を持
つ。2021 年より、明治学院大学体育会バ
スケットボール部男子ヘッドコーチに就任。